SECUOYA

.

BAJO EL PATROCINIO DE

SARAH GIRRI
Y JORGE GALLARDO

BUENOS AIRES

Julio Espinosa Guerra

SECUOYA

COLECCIÓN LA CRUZ DEL SUR • EDITORIAL PRE-TEXTOS

MADRID • BUENOS AIRES • VALENCIA • 2024

Primera edición: marzo de 2024

© JULIO ESPINOSA GUERRA, 2024

© DE LA PRESENTE EDICIÓN: PRE-TEXTOS, 2024

LUIS SANTÁNGEL, 10
46005 VALENCIA
WWW.PRE-TEXTOS.COM

IMPRESO EN ESPAÑA
ISBN: 978-84-19633-95-8 • DEPÓSITO LEGAL: V-876-2024

DISEÑO DE LA COLECCIÓN: ANDRÉS TRAPIELLO Y ALFONSO MELÉNDEZ
AL CUIDADO DE LA EDICIÓN: MANUEL RAMÍREZ

Viñeta: © del autor

Impreso en Safekat S.L.

Si, por ejemplo, en mis paseos por la ciudad, miro en alguna parte uno de esos patios tranquilos en los que, desde hace decenios, nada ha cambiado, siento casi físicamente cómo la corriente del tiempo se desacelera en el campo de gravitación de las cosas olvidadas. Todos los momentos de mi vida me parecen entonces reunidos en un solo espacio, como si los acontecimientos futuros existieran ya y sólo aguardaran a que nos presentáramos de una vez en ellos, lo mismo que, atendiendo una invitación que hemos aceptado, nos presentáramos en un momento determinado en una casa determinada.

W. G. SEBALD, *Austerlitz*.

No hay solución porque no hay problemas.
No hay soluciones porque sólo Existe el cambio.
Sólo hay problemas a causa de la resistencia humana
– atravesar la resistencia.
La sorpresa es atravesar y ver lo que siempre se ha esperado.

GORDON MATTA-CLARK, parafraseando a Marcel Duchamp.

1

HABRÍA que construir una casa nueva
con sus cimientos
sus vigas
sus niveles y sus plomos
ahora que el viejo hogar está en el suelo

O quizá
habría que retroceder
a la habitación primera
donde comenzó todo
Entrar desnudo
hacer un hueco en el suelo
y volver a germinar

2

Todo tiene una primera piedra
y esa primera piedra puede ser la soledad
una tierra donde no crece nadie
ni nada

Al fin y al cabo
no se puede
o no se debe
construir en un solar
donde todavía quedan cimientos antiguos

Aunque se hace a menudo
incluso a riesgo de terremoto o inundación

3

TODO sitio baldío
tiene su primera piedra
y toda construcción en ruinas
la posibilidad de un futuro
aunque su futuro
no contenga más que el espíritu
que la tierra posea de ella
cuando el solar recuperado
albergue una nueva construcción

4

LA vida
un juego
donde lo construido
pesa menos
que lo demolido
El universo
donde la materia luminosa
ocupa menos espacio
que la materia oscura

Vemos lo que se ve
Pesa lo que se pesa
Nadie nota un cajón
en el hueco donde no hay un cajón
Aunque lo hubo

Aunque lo hay

EL recuerdo de la primera piedra
está en una fotografía que comienza a parecer vieja
no porque notes sepia en el papel
pues no hay sepia
sólo pantallas líquidas
que te dicen que el agua te ha ido arrugando la piel
y destiñendo el pelo

De todas maneras
sigues sonriendo a la cámara
en la fotografía y en tu recuerdo

Aunque la casa ya no existe
prefieres que sea así

Porque la sonrisa fue verdad
Porque la primera piedra fue verdad

A las dos las sostienes aún entre tus manos
y no pesan

7

ANTES de los cimientos
la arena y los cantos rodados
ese rock & roll
de los viejos tiempos

La vieja danza
de la seducción

BAILAR ese viejo rock & roll
de tasca en tasca
de bar en bar
y de copa en copa
seduciendo nada
de nadie

Bailar por bailar

Construir una casa de aire
en el aire

9

Y a pesar de todo
o por todo
siempre hay alguien que mezcla
la piedra con la arena

Antiguas palabras que aún hoy
convocan nuevas habitaciones

Espacios por hacer
que un día se habrán de llenar
aunque luego
sólo fantasmas
habiten lo que quede de ellos

BASTA una noche
para levantar la primera habitación
Basta un rincón oscuro
para que la habitación deje paso a las estrellas
Basta la oscuridad suficiente
para ver una mansión donde sólo hay un cobertizo
Basta un sitio baldío
y un poco de agua y tierra
para que en el barro
a la piedra
le salgan raíces

DONDE uno dice baldío
el otro dice tierra
Donde uno dice piedra
el otro dice semilla
Donde uno dice podredumbre
el otro dice paredes
Donde uno dice cielo
el otro dice tejas
Donde uno dice alimento
el otro dice festín
Donde uno dice para siempre
el otro dice hoy
Donde uno dice vino
el otro dice leche
Donde uno dice palabras
el otro dice dinero
Donde uno dice amor
el otro dice amor

LA primera habitación
siempre es la más perfecta

13

TIENE orificios por donde entran el viento y las arañas
No está bien aplomada
Si dejas una canica en el suelo
rueda sola
Sólo hay un colchón destartalado
y un saco de dormir viejo que hace de colcha
En invierno se pasa frío
En verano   calor
Apenas hay un grifo que gotea día y noche
No hay espacio para libros ni doctrinas
Es un cuartucho sin futuro
que mañana mismo podrían derribar

Nadie recuerda quién fue el que tapó los agujeros

Desde esa noche
las estrellas no se ven

Aunque siguieran brillando con fuerza en sus iris

Aunque sólo hoy
se den cuenta de su ceguera

15

UNA casa pequeña
apenas un cuarto
donde las hojas y su extraña
tipografía hagan de heno
y mis propias manos
de cuna

Un cuartucho
para qué más
donde caer juntos
al final del día

Un pesebre
sin pretensión alguna
donde comer manzanas hasta hartarnos
y tirados por el suelo sus corazones
sin que nadie los recoja
esperar que nazcan nuevos árboles
para al final
habitar un bosque

Así como ninguna casa que se levante
es la casa que se soñó
sino un mero concepto
que se deshace
en la memoria del arquitecto
Ningún hogar es el que se soñó
y se queda suspendido
olvidado también
en la practicidad de cada día
No digo besos o abrazos
digo sueño y representación

CADA casa que se levanta
lleva en su interior una demolición
No existe nuevo árbol
donde no habite
el germen de lo efímero
Llámese rascacielos o mediagua
Llámese hormigón armado o palito
Llámese secuoya

No basta con habitar las palabras necesarias
Al levantar una casa
Hay que construir todo un nuevo lenguaje
hecho de signos pero también de danzas
de silencios y desapariciones
Un lenguaje vivo
Que crezcan en todas direcciones
sus raíces y su frondosidad

Un lenguaje que no cese
Un jardín salvaje
Un bosque austral
hecho de papeles
ramas
frases subrayadas en los libros
los restos de los bigotes de los gatos
trozos de plasticina
y manchas de pintura en las paredes
Un caos   es cierto
Un universo
que se expanda y que palpite
Y donde siempre falte
una palabra
para hacerlo perfecto
o lo que es lo mismo
para hacerlo desaparecer

No te pongas serio
me digo
Las paredes de esta casa se construyen solas
o no se construyen

Y ese es el problema
dejar que las paredes se levanten solas
haciendo caso omiso de los designios
de los posos del café
de las runas que tira la gitana pobre
sobre la mesa de bar con el logo de Coca-Cola

Y ese es el problema
creer
hasta que la casa que se levante a tu alrededor
no sea más que un mar plagado de sirenas
y tú un Ulises atado y de arcilla
que lo único que desea
es seguir creyendo en su canto

¿En qué instante
el cuarto pasó a ser casa?
¿Quién decidió dónde iba cada cosa?
No recuerdas haber levantado la voz
pero por arte de magia
se fue poblando todo
Para qué enumerar
¿Acaso queda alguien que no sepa cómo fue?
Pero hubo un momento
en que ni siquiera la luz entró por las ventanas
y tuviste que salir al exterior
para ver la noche brillar

No te das cuenta
Esa es la verdad

Cuando a la primera habitación
se le une una segunda
y a esta
una cocina y un baño
a nadie le extraña

Y si bien no sabes
cuándo tu casa es una casa
menos sabrás
cuándo tu casa comienza a parecerse
a las de los demás

Puede incluso que la familia entera
desaparezca en el horizonte del pasillo
y que ni sombras queden de ella
en el suelo recién encerado

Mientras suene su eco
los tacones de los zapatos
la televisión encendida
tal vez la radio
todo estará bien

Incluso si un día
al recostarte
descubres que quien se tiende en el colchón
no eres tú
todo estará bien

No cuesta poner los primeros recuerdos sobre las paredes
o encima de las baldas de las estanterías
Es un juego divertido

Tampoco importa demasiado
dónde caiga cada cosa
mientras que las imprescindibles
ocupen su lugar
Digo los libros
las botellas de vino
el queso
Mientras los besos sigan cayendo
donde tienen que caer
en la lógica implacable de las hojas en otoño
que siempre caen en el lugar que la tierra
les tiene reservado

LA hermosa lógica del caos
es la lógica del amor

CUANDO nada va hacia donde tiene que ir
y aun así
florece

EL orgánico crecimiento de una casa
se rompe
en la lógica del mercado

No puedes añadir la puerta que no es
la cortina que no pega
la silla de mimbre al lado de la Wassily

Dan ganas de cogerlo todo
sacarlo al balcón
prenderle fuego

Y marcharse a vivir a la caverna
llenar de manos las paredes

Pero te quedas con la boca abierta
frente al televisor
calentándote con tus propias cenizas

EL armario de tu habitación
digo
la habitación de la cama
es un texto
con demasiados adjetivos

Sería necesario abrir un agujero
en la pared del armario
atravesar abrigos   zapatos   camisas
para ver si por algún rincón
encuentras un trozo de lo que fuiste

Pero el riesgo es extremo

Puede que al otro lado
sólo halles un nuevo armario
tan lleno de vacío
como este

LA casa y tú
La casa o tú
Quién habita a quién
Qué habita qué
Esa es la cuestión

Pero todo movimiento nos ha sido dado
porque la casa futura habita en la casa pasada
y la casa presente no es más que la semilla de la casa futura

Por tanto caminas por el sendero que debes caminar
y tus pasos ya conocen los pasos que darán
el sonido de la madera
los objetos que se caen
el gato de porcelana que se quiebra
en un bucle sin fin

Aunque reniegues de los mismos
aunque no lo sepas
aunque tu destino esté en otra casa

Porque la casa futura habita en la casa pasada
y la casa presente no es más que la semilla de la casa futura

AMPLIAR la casa es un acto de fe
o de necesidad
La necesidad del amor necesario
o la imposibilidad de conservar el amor
en un espacio desde el que no se ven las estrellas

Sudas al construir la ampliación
mejor con tus manos que con las ajenas
Dejas dos orificios pequeños
pero suficientemente grandes
sin tapar
por donde deseas se cuele de nuevo la luna
para observar la noche

Son tus dos ojos replicados
y es el hogar
que comienza a respirar
gracias a otro corazón

(A Lluvia y a Mario)

La arquitectura de la necesidad
nada tiene que ver con el hogar
Se levanta en cada trozo de pared
en cada cuarto
en cada ventana y en cada mueble

Pero entre las rendijas
por los agujeros que podemos hacer
y que no hacemos
se filtra lo que queda de amor
ese gesto desesperado de los que se ahogan
y se salvan en el momento justo

Las casas en ruinas
bien lo saben

CASAS en medio de grandes valles
casas solas
donde pastan las vacas y su ajedrezado corazón
Casas que siempre tienen sus puertas abiertas
a las que puedes llegar sin avisar
Casas donde respirar un aire nuevo
llámese cabaña
ruca
iglú
Casas donde siempre habrá un fuego
aunque no haya carbón
Casas solas
con todo el horizonte
como sala de estar

HAY lugares
donde la casa no existe
No hay paredes ni puertas
no hay ventanas ni techos

Sólo está el campo
donde el cuerpo se ubica
El espacio vacío
que debió ser de una casa
tener un patio   un porche
un perro   niños

Hay territorios donde el viento se pasea
y sólo el cuerpo ocupa un lugar

A veces dispuesto a crecer y multiplicarse
A veces en ruinas

Casi siempre   solo
Casi nunca   vacío

VIVIR en la casa de otro
Dormir en las habitaciones de otro
Usar los objetos de otro

Fumar sus cigarrillos
ponerte su ropa
aceptar su perfume
cocinar su comida
comer su queso
beber su vino
amar a su mujer

Recibir sus besos
usar su colchón
acostumbrarte a su silencio

Obedecer con su cerviz
escribir con sus letras
hablar con sus palabras

Habitar la casa de otro

Y qué sucede cuando la casa no es una casa:
quiero decir   cuando el hogar no es la casa
y dentro de la casa   lo olvidas?

¿Bastará con cruzar la puerta y marcharse?

¿Acaso una casa no se lleva a cuestas
aunque sus paredes queden quietas en otro sitio?

¿No es la casa física más que la casa que subyace en tu cabeza?

¿Y cómo salir de esa casa
que por más que abandones
te acompaña
te encierra en sus habitaciones
te reduce en sus armarios?

¿Dónde está la puerta
las ventanas en todo caso
la buhardilla desde donde saltar?
¿Las alcantarillas por donde huir de nuevo a la calle?

¿Cómo abandonar la casa entonces
para volver al hogar?

CASAS de urbanizaciones privadas
todo lo que desea una pareja de clase media
con su patio y su antejardín
su cochera
sus armarios empotrados

La ilusión del lugar común

La triste realidad del lugar común

Casas pareadas   casas adosadas
con sus horarios   sus gritos
sus músicas   sus fiestas

Dónde quedaron los tijerales y la celebración
dónde la pared inconclusa
las estrellas colándose por los agujeros
de los entretechos sin terminar

Casas pareadas   adosadas
agendas de cuatro paredes
la perfección del horario de ocho a ocho
el deber cumplido
la familia ideal

No es lo mismo un jardín
que un huerto salvaje

El Paraíso   ya lo sabes
nuestra primera casa
fue poco paradisíaco
aunque en principio
era el lugar ideal para crecer y multiplicarse

Es lo que tienen los jardines
bellos y perfectos
poseen un orden que ha de ser respetado:

No pises el césped
Prohibido los perros
Los niños en sus jaulas
Los árboles en sus pozas
Los besos en sus retenes
Y las estatuas
qué sería de un jardín sin sus estatuas

Un jardín es lo que es
nada que decir al respecto

Sólo huye
en cuanto te sea posible

EN la ciudad
hay pequeños lugares sin nada
territorios vacíos
donde bien vale la pena
estirar el saco de dormir
meterse dentro
y observar si no las estrellas
la hermosa luz de las farolas
de las cuatro de la madrugada

¿QUÉ sucede cuando a la casa
no le queda fuego?

¿Qué pasa cuando la casa
ha menguado hasta volver a su origen
y en vez de avivar las brasas
las moja?

¿Qué sucede cuando el hogar
ya no enciende en tu interior

cuando de ti
no quedan ni cenizas donde calentarte
ni unas míseras ramitas con que cubrir tu cabeza?

¿Habrá que quemar las paredes
como quien quema las naves
para volver a encontrar el fuego perdido?

LA casa está en el barrio
como el barrio en el pueblo
El pueblo en la ciudad
y la ciudad en la región
La región en el país
como el país en el continente
El continente en el mundo
y el mundo en el sistema solar
El sistema solar
en la galaxia
La galaxia en el universo
El universo en el multiverso
y el multiverso en la imaginación
La imaginación en la cabeza
En la cabeza
que soñó la casa

A veces
salen flores silvestres en el jardín
A veces
por más que las pises y las cortes
salen flores silvestres en el jardín
A veces
por más que luches contra ellas
para preservar el orden
la naturaleza se rebela
y salen flores silvestres en el jardín
A veces
cuando alguien abandona la casa
las flores silvestres
dejan de aparecer en el jardín
pero el que se va
se lleva los bolsillos y los lapiceros
llenos de semillas de flores silvestres
que germinarán
en su propio jardín

Solía preguntarse
dónde se escondía
el corazón
de las mansiones

CONSTRUÍA libros
como quien construye casas

Su obra
terminó siendo
una gran urbanización

llena de fantasmas

CUANDO la casa
te la sabes de memoria
De memoria sus rincones
sus muebles   sus armarios
El lugar de los vasos
los cuchillos   y el peligro
Los rincones esperados del amor
y los inesperados del sexo
La hora exacta en el lugar exacto
donde ocurrirá el asesinato
Digo
cuando la casa se sabe de memoria
¿es la casa o la familia la que desaparece?

TODO hogar
tiene una línea de sombra
que sin pertenecer a la casa
sigue siendo la casa

Una baba
que te persigue
allá donde vas

Un hilo de luz
o de oscuridad
que te saca del laberinto

o te ata a él

EL edificio
tiene 208 departamentos
y todos están habitados
Hay 4 alas
con 52 departamentos cada una
4 por planta
repartidos en 13 pisos
Vive en el centro de todos
y no ve aparecer el sol ni llegar la luna
Trabaja de ocho a ocho
Guarda la comida en tuppers
que congela después de pasarse los domingos
preparando las cenas de toda la semana
Nadie lo conoce
No conoce a nadie
Cuando se queda frente al televisor
siente que el mundo se lo come
por eso esparce migas sobre la mesa
y deja que las hormigas la llenen
con su particular escritura
La lee como si fuera una oración
justo antes de dormir
Luego se acuesta
y al bajar los párpados
se siente menos solo
Al despertar a la mañana siguiente

no se acuerda de nada
y sale del departamento
en medio de todos los demás apartamentos
uno entre 208, 52 en cada ala,
4 en cada planta
dispuesto a comerse el mundo

TENÍA un geranio casi seco en una maceta
decía que era un bonsái a quien quisiera oír
y cada mañana se levantaba
tijeras de podar en ristre
para irlo moldeando

Fue pidiendo
abono   tierra de hoja
semillas de todo tipo

Los amigos iban y venían
dejaban las cosas
se tomaban unas cervezas o el mate
hablaban de fútbol   mujeres   libros
se iban todavía riendo de la casa

Un día
cuando entraron
les pareció que eso era la selva

Le preguntaron con los ojos
con los dientes
con los brazos

No era un geranio
dijo

No era un bonsái
dijo
Llámenle secuoya
dijo
Yo le llamo hogar

Vivía solo en su casa
que no era más que un cubo
de cinco por cinco

No tenía baño
porque decía que lo que el mundo le daba
debía volver al mundo

Dentro tenía un hogar
con una tetera siempre hirviendo
donde preparaba el té o el mate para compartir

Apenas tenía alguna verdura
sacada de su huerto salvaje
Los caracoles trepaban por la encimera
y vivían entre los libros de las estanterías

No tenía ropa nueva
y aunque limpia
estaba llena de lamparones

Los jerséis se desmembraban por los puños
Sólo necesitaba un viejo sillón y una manta
para dormir

Tampoco tenía allí
nada que abrazar

porque para abrazar
tenía los árboles
y para calentar el alma
bastaba con poner una piña de secuoya
en el corazón

Tenía un montón de hojas viejas
en las que escribía
una historia que nunca nos contó
y que antes de morir
quemó junto a sus zapatos

No veía bien
y nunca usó gafas
pero se tendía sobre la tierra
para luego dibujar las constelaciones
en su perfecto orden

Cavó él mismo el trozo de tierra
donde debían enterrarlo

Cuando llegó el día
nadie lo encontró
y lo poco que tenía
se había volatilizado como el humo

Esa primavera
los frutos de la secuoya
se multiplicaron

NACE un árbol a veces
De entre tantas pepitas y manzanas
nace un árbol a veces
Pero no basta con el primer brote
porque ese árbol
necesita aire y agua
y una capa de manzanas muertas
árboles que pudieron ser
pero cayeron
en medio del camino
y ahora
más que humus
son sabiduría
tiempo condensado
que riega sus raíces
para que toquen el cielo
Nace un árbol en mitad del bosque
en mitad de la sabana
en mitad del desierto
en mitad de la ciudad
Si está destinado a sobrevivir   sobrevive
Si no se vuelve abono   manto fértil
Nace un árbol de entre cientos de posibilidades
y avanza recto o doblado   pero avanza
Camina de noche con duendes y espíritus
Habita un espacio que nadie más que él conoce
Habla un lenguaje que sin entender

lo estremece
De entre tanto quizá y entonces
posiblemente y tal vez
entre las manos de dos
entre los cuerpos de dos
entre las miradas y los silencios
nace un árbol
a veces

QUIZÁ el problema radique
no en el lugar
ni en las cuatro paredes que te cubran
Quizá el problema radique
en que alguien te ame tanto
como a una secuoya
Y no habite en una casa
habite en ti

AGRADECIMIENTOS

Secuoya es lo que es gracias a la lectura atenta de Manuel Borrás, que, más que mi editor, es un amigo y un maestro, y Sonia Bueno, que me ayudó a encontrar el título definitivo. También quiero agradecer a algunas personas que han acompañado este viaje de cuatro años, porque me han dado razones de fortaleza: Gloria Verdoy, Pedro Núñez, Yolanda Royo, Paco Sabater, Jesús Marco, Íñigo Ulibarri, Abel Murillo, Alba García, Josean Gargallo, Alicia Sánchez, Ana Chicote, Andrés Soto, Mauricio Ruz, Isabel Wagemann, Blanca C. Otín, Joaquín Fortanet y Rosa Martínez, Luis Salvago, Manuel Júlvez, Niall Binns, Bruno Montané, Matthias Freischütz, Stefanie Butendieck, Dolan Mor, Chus Castejón, Eva González, Stephanie Montero, Elvira Hernández, Karla Bizama Tutera, Silvia Pratdesaba y Manolo Ramírez. Beatriz y Ernesto, Lluvia y Mario.

ÍNDICE

ACABOSE DE IMPRIMIR ESTE LIBRO

EL DÍA 24 DE MARZO DE 2024